सब छोड़ जा रही

सब छोड़ जा रही

मनोरमा विश्वाल महापात्र

अनुवाद

ऐनी राय

वाणी प्रकाशन

प्रकाशन के उत्कृष्टतम 61 वर्ष

vaniprakashan.com

सजिल्द पहला संस्करण : 2024

वाणी प्रकाशन

4695, 21-ए, दरियागंज, नयी दिल्ली-110 002

फ़ोन : +91 11 23273167, 23275710

शाखाएँ

अशोक राजपथ, पटना-800 004, बिहार

कॉफ़ी हाउस कैम्पस, महात्मा गांधी मार्ग, प्रयागराज-211 001, उत्तर प्रदेश

महात्मा गांधी अन्तरराष्ट्रीय हिन्दी विश्वविद्यालय, वर्धा-442 001, महाराष्ट्र

36/ए, शेक्सपियर सरणी, रानी बिरला गर्ल्स कॉलेज के पास, कोलकाता-700 017, प.बंगाल

sales@vaniprakashan.in
vaniprakashan@gmail.com

Sab Chhod Ja Rahi

by Manorama Biswal Mohapatra

Translated by Ani Ray

ISBN : 978-93-5775-501-6
Poetry Collection

मूल्य : ₹ 295

आर.टेक ऑफ़सेट प्रिंटर्स, दिल्ली-110 032 में मुद्रित

वाणी प्रकाशन का लोगो मक़बूल फ़िदा हुसेन की कूची से

अनुक्रम

माँ पत्थर बन गयी

उस दिन अगहन महीने का वीरवार।
सुबह से ही कौए की काँव-काँव
माँ ख़ुश हो गयी।
फ़ीके पड़े बेटे के हारमोनियम को
ज़रा सहलाया।
बच्चा मेरा स्वस्थ होकर लौट रहा है
परदेश से।

चिल्लाने की आवाज़ से घर काँप उठा
बाढ़ आ गयी या समुन्दर में तूफ़ान
यह तो हारमोनियम की आवाज़ नहीं!
यह तो रोने की आवाज़।

पूजा के लिए तैयार मिठाइयाँ, अल्पनाएँ
सब बहा ले गये माँ के आँसू।
माँ पत्थर बन गयी
पुत्रशोक में।

उस दिन कुम्हड़े में फूल आने पर
हल्दी के पत्ते में बने पीठा या
मण्डा पीठा बनने पर
वह देखती रहती सूने आकाश की ओर
आँसू बहते जायें धार-धार।

सब छोड़ जा रही

तेरे लिए सब छोड़ जा रही
गीत गाता पेड़,
तितलियाँ, मेरा बालपन,
स्कूल के दिन, गाँव के मेले,
दशहरे की पूजा, सावन के झूले,
अगहन के वीरवार का व्रत,
सब कुछ सिर्फ़ तेरे लिए।

बीच रास्ते में तुझे ठोकर ना लगे
देख कैसे चारों ओर
सौभाग्य का सेतु बना रखा है
तेरे रास्ते में।

अपना सारा अहंकार, स्वाभिमान
सब तुझे दे जाऊँगी
मुझे पता है यही स्वाभिमान
तुझे पहुँचायेगा तेरे ठिकाने पर
इन्द्रपद हो ना हो
यही स्वाभिमान मेरी मूल सम्पत्ति है।

तेरे पुरखों की सैकड़ों सम्पत्ति
कामिनी फूलों से भरा तालाब

साफ़ पानी
देख, तेरे लिए सब छोड़ जा रही।

सच में तू गंगा को बुला लायेगी
तपस्या से, तितिक्षा में भगीरथ की तरह।
देख समय भी क़रीब आ चुका है।

तू मेरी प्यारी-सी बिटिया
घने बरगद के पेड़ तले प्रेतात्माओं का खेल
ढोंगी इन्सानों के मन में भरे हुए
विष को परखना
डरना नहीं।
तेरे लिए छोड़ जा रही जो कवच
उसी से डगमगायेगा प्रतिहिंसा का सिंहासन।

इन्द्र नीलमणि माणिक्य का
जितना अहंकार
उसकी तुझे ज़रूरत नहीं
तपस्या तपस्या में एक दिन तू पहुँचेगी शिखर पर।
मेरे त्याग एवं तितिक्षा की सीढ़ी चढ़कर
तू पहुँचेगी शीर्ष पर।
उस सीढ़ी पर समर्पित
प्राण के रक्त के छींटे
सपनों का उच्चारण सब मिला हुआ है।

मैंने भोगा है स्वप्नभंग विमर्शता
गहरी साँसें, सैकड़ों विफलताएँ
सब याद रखना
तेरे लिए सँजोये रखे हैं
अपनी कविता के अन्तिम कुछ पद।

पूजा कमरे में छोड़े जा रही
महाप्रभु की गद्दी के पास
एकादश स्कन्ध भागवत
मैं जानती हूँ एक ना एक दिन
तू ढूँढ़ेंगी अपना सुगन्धित बचपन
उसी पूजा के कमरे में।

उस दिन मैं न रहूँ तो भी
मेरी कविता होगी
स्मृति सारी शिलालेख
हो चुकी होगी।

मातृभाषा को प्रणाम कर

देश की याद आती अधिक
परदेश जाने पर।
मेरा देश है
मेरी साँसों में
मेरी आत्मा में
मेरे गाँव के घर में
जहाँ रोज़ साँझ को
भागवत पाठ होता है
लक्ष्मी पुराण पढ़ा जाता है
रोज़ सुबह तुलसी चौरे में
पानी डालकर
परिवार की मंगल कामना करती है माँ।

मेरा घर
मेरा देश
जिस घर में देश का मानचित्र दिखाकर
समझा देती बिटिया को
हमारे घर की तरह हमारे देश के धैर्य को
सहनशीलता को
समझ ले बिटिया।

देश हमारे अन्दर बसा है
इस घर में।

जो रिश्तों को चाहता है
वही अपने देश को चाहता है।
मातृभूमि को प्रणाम करना सीख बिटिया
मातृभाषा को मान देना सीख।

हर जगह देश का अस्तित्व
हमारे गाँव की 'जगाई' से लेकर
फैला है उसका अस्तित्व
हस्तिनापुर तक।

घर की मंगलकामना के लिए
हम दीया जलाते हैं ईश्वर के पास
देश की मंगलकामना के लिए
एक दीया जला दे बिटिया
आज ईश्वर के सामने।

मातृभूमि को प्रणाम कर
मातृभाषा को प्रणाम कर।

देव मुहूर्त आ रहा

जो सुबह आयेगी
इतने दिनों बाद
वह सुबह भर जायेगी पक्षियों के कलरव से
नया इतिहास लिखा होगा भारत में
जिसमें रहेंगे कितने ही पदचिह्न
सत्याग्रहियों के।

देखो, दूर से दिख रही है
प्रकाश की किरण
उसमें द्वीप, अन्तरिक्ष, नदी, पर्वत
सब हो रहे एकाकार।

भारत की सभी नदियाँ
वह महानदी हो या भार्गवी
शिवालिक हो या विन्ध्याचल
हर जगह बज रहा
आज भारत का सप्त स्वर।
समय आसन्न आज
सभी जाग्रत
आज इस क्रान्ति के दिन
ये लायेंगे क्रान्ति

हमारे भारत के आनेवाले दिनों की
यह कहेंगे नयी कहानी।

नीरवता के बीच से
दिखाई देगी अतीत की लौह साँकल
बन्द कारागार में
स्वतन्त्रता सेनानियों
की संकल्प शिखा
कितने युद्ध, कितनी पदयात्रा
कितने षड्यन्त्र, कारावास,
कितने रक्तपात,
इन सारे ज़ख़्मों को
छुपाए रखा था अपने सीने में
आज वह आग सुलग रही है दिल की गहराइयों में।

चारों ओर अँधेरे का जाल
फैल गया हर दिशा में
लाशों का ढेर सत्याग्रहियों का
आज़ादी कहीं सोयी पड़ी है
असहाय बनकर।

वक़्त से पूछने पर वही
कहेगा
स्मृति को पूछें तो
स्मृति भी कहेगी
किन सत्याग्रहियों के पदचिह्न में
आलोकित है यह भारतवर्ष।

देखो, देव मुहूर्त आ गया
स्वाधीनता का मन्त्र जपते-जपते
जो शिशु कन्या बड़ी हो रही है

वह स्वप्न देखे नये भारत का
रक्त से लिखे उसके त्याग और तितिक्षा का दस्तावेज।

वह जान ले अपना अधिकार
भारतीय मन के साथ
अपनी सारी अभीप्सा
वह रोप दे मानव मन में
उसके हाथ रक्षा कवच बन जाये
अनीति और अत्याचार रोकने में
सब कुछ बदल चुका है।
देवकन्याएँ भूमिष्ठ हो चुकी हैं
ओड़िशा में।
वे नेतृत्व लेंगी पूरे भारत का
शैतानों के तूणीर से
मारणास्त्र समाप्त हो रहे।
अनेक सम्भावना से
भरपूर आनेवाला कल।
एक समृद्ध भारत
सोने का भारत प्रतीक्षा में है

उस दिन का।
देखो, आज अँधेरा कैसा छँट-सा गया।

चारों ओर प्रगति की रोशनी से
आलोकित है देश
अभिमन्त्रित है भारत की धरती और आकाश।
वार्धक्य भत्ते या थोड़े-से आश्वासन के लिए
अब माँएँ नहीं रोयेंगी छुपते-छुपाते।
केवल शहरों में नहीं
ओड़िशा के गाँव में भी
लड़कियाँ जाग्रत हुई हैं
महामाया रूप में।

देश

भारत में जन्मी
तभी तो आगे और आगे बढ़ा रही हूँ क़दम
सपने छू रहे आकाश
स्वाभिमान के लिए
लौटता बार-बार स्वदेश
देश रहता अपने भीतर
स्वाभिमान देश।

माँ ने दी है मुझे एक कवि की आँख
देश ने दिया सुगन्धित बचपन
अतीत के पाँव के निशान देख
जाना मैंने
भारत है त्याग और तितिक्षा का देश
जहाँ भगीरथ तपस्या से गंगा को बुला लाये
अस्तराग का गीत गाकर पक्षी
मिल जाते गोधूली की धीमी रोशनियों में।

देश की सुगन्ध ढूँढ़ते हुए
जलियाँवाला बाग़ में उस दिन
ढेरों लाश और शोषण की सिहरन
दहकती आग में देखी
शहीदों की आत्मा
टिमटिमाती जल रही।

उन मृत आत्माओं में खो गयी मैं उस दिन
महाप्लावन में।

हे मेरे देश! भारत वर्ष
दो मुझे आज मेरे सपनों का भूखण्ड
जहाँ न हो आतंकवाद
घृणा या असूया में
काँपती न हो धरती।
सपनों की धरती पर
मेरे जैसा कवि
शान्ति और प्रगति की तस्वीर बनाता होगा।
मुझे मिल गया मेरा खोया हुआ ठिकाना
जिस पर लिखा है देशप्रेम का मन्त्र
मिट्टी को अपनाने का स्वप्न
परदेश में रहकर जी भरकर
देश की सुगन्ध को जी भरकर
आघ्राण करने की तृष्णा।

जहाँ जाऊँ देश आज
मेरे अन्दर साया-सा मेरे साथ चलता है।
देश ने दी है कवि को ख्याति
पूरे विश्व में परिचय करवाया
भारतीय कवि के रूप में।

मेरा सृजन सम्भार भर गया
ऐश्वर्य की दीप्ति में
कभी वैजयन्त उड़ी है तो
कभी जीने की कला कण्ठस्थ
हो गयी मुझमें।

जीवनभर मैं सजाकर रखूँगी
अपने देश के लिए अस्त्र और तूणीर।
रोशनी बनकर बार-बार मेरे आगे चले।
अब तो भोर होने आयी
प्रतीक्षा में हूँ मैं
उस दिन की
जो दिन,
होगा शुभ दिन
इस भारत का।

किसी शुभ मुहूर्त में

दीक्षा का जन्म हुआ किसी शुभ मुहूर्त में
स्वर्ण वेश में शोभायमान थे
तीनों देवता
श्री मन्दिर में।

महोदधि महोत्सव चल रहा था
पुरी के समुद्र तट पर
महोदधि था भीषण उफान पर।

दीक्षा के जन्म होते ही
धीरे-धीरे कोमल हो गया
धरती के सभी पिता का हृदय
सभी पिता बन गये कवि
उसी मुहूर्त में,
युद्ध में हारे हुए इन्सान
ईश्वर की शरण में आये।

कन्या भ्रूण हत्या करती माताएँ
पश्चात्ताप की आग में जलीं
देवकन्या दीक्षा का जब जन्म हुआ
ऐश्वर्य दीप्ति में चमक रहा था उसका चेहरा

सुबह की सारी कान्ति पुती हुई थी
उसके छोटे-छोटे नयनों पर।

ख़बर पहुँची गाँव में
पूरा गाँव आ पहुँचा
दीक्षा के क़रीब।
टिमटिमाती आँखों से देख रही थी नन्ही परी
पिता की आँखों के सपनों के भँवर में तैर रही थी
पिता तो कब से
बन चुके थे कवि
अब दीक्षा अपने नन्हे हाथों से
स्वर्ग को भी उतार लायेगी धरती पर
मिटा देगी माँ के मन का सारा अफ़सोस।

कई दिनों से मुस्कुराना भूल चुकी
माँ के मन में विश्वास की वसुन्धरा तैयार कर देगी।
वक़्त आने पर दीक्षा अपनी अस्मिता को
आसमान तक पहुँचा देगी।

पुष्या कर्कट

पुष्या कर्कट राशि में जन्म तेरा
मिथुन लग्न में
कर्कट राशि में रामचन्द्र वनचारी बने
सारा जीवन।
त्याग और तितिक्षा में
तू भी होगी वनचारी,
मेरी आँखों की रोशनी मिटेगी उस दिन
रो-रोकर अन्धी हो जाऊँगी
दशरथ की तरह।
स्वाति नक्षत्र में
बूँद-बूँद बारिश की बूँदें
मोती बन जातीं
तेरे अन्दर।
क्यों जन्मी तू पौष कर्कट राशि में
तू मेरी आँखों का तारा
भूत और भविष्य
जीवन के अनगिनत सपने।

पीहर

मेरे पीहर में
कहो क्या न था
सब कुछ था।
स्नेह था
आँसू था सुकुमारपन भी तो था
सब्ज़ियों की ख़ुशबू से
घर भी महकता था।
उस घर में
मेरा बचपन था
अभिमानी कैशोर भी था
वह घर था
कविता लिखने का घर।
गीत ही गीत में
कहानी कहता घर।
उस घर में साँझ होते
दीया जलता
पूजा के कमरे में
छोटे-छोटे बच्चों की प्रार्थना में
महक उठता पूरा घर
वह घर था मेरा पीहर।

आज उस घर में पहले के जैसा
दीया नहीं जलता

हर समय विषाद घिरा रहता है
आँसू बनकर।

मेरे पीहर में
क्या नहीं था कहो तो।
कुछ हो न हो
प्यार और ममता तो थी।

विपरीत राजयोग

बेटी पैदा हुई
अष्टमी तिथि पर
कुण्डली के विपरीत
राजयोग जन्म लग्न में उसके
नीलाद्रि महोत्सव चल रहा
नीलाचल पुरी में।

अब दीक्षा की हँसी में
ख़ुशी फैल जायेगी
चारों ओर
वर्षों के बाद अश्वगन्धा पौधे में
नये-नये पत्ते खिलेंगे
विपरीत राजयोग है
दीक्षा की कुण्डली में।

इस बार वारिश में
बादलों को बुलायेगी दीक्षा
घर के आँगन में
बादलों के साथ कहानी सुनेगी दीक्षा।

इस बार उदास मन से
घर के कोने में कोई नहीं बैठेगा
अपने आप चाँद आ पहुँचेगा

किसी के न बुलाने पर भी
दीक्षा बुला चुकी होगी
उसे अपनी भाषा में।

अष्टमी तिथि में
पैदा हुई देव कन्या दीक्षा
शायद सभी देव कन्याएँ
दीक्षा की जैसी।

पिछले दिन बिसूरने का
अब समय नहीं
एक्वेरियम की मछलियाँ
बेचैन हैं दीक्षा से मिलने
अब दीक्षा दादी की गोद में
बैठी सुन रही कहानी
कहानी अभी ख़त्म न हो
फूलों का पौधा भी न मरे।

सब है तुम्हारा

सब है तुम्हारा।
प्राण प्राचुर्य से
भरपूर
दीक्षा जैसी अच्छी लड़की
जो सदा गीत गाती
कविता सुनती
चित्र बनाती।

इतना कुछ होने पर भी
कहते हो कुछ नहीं
तुम्हारे चारों ओर
ख़ुशियाँ बिखरी पड़ी हैं
उसे सहेजना सीखो।

देखो, गौरैया
कैसे चित्रकार बन
घर बनायी है स्काईलाइट में
हमारे बगीचे में काँचन के पेड़ पर
नीले रंग के पक्षी युगल
मधुचन्द्रिका क्रीड़ा में विभोर।

शरद ऋतु का साँझ
अपने साथ ले आया है

सप्तपर्णी की ख़ुशबुओं को
गिलहरियाँ अब दीक्षा की साथी बनकर
रोज़ आ रही हैं घर पर।

कल से ही उदास बैठे हो
इतना कुछ होने पर भी
कहते हो कुछ नहीं।
दीक्षा से कहूँगी
अपनी ख़ुशी से तुम्हें कुछ उधर दे।
जो जन्म से ही कवि हो
उसका प्राचुर्य से क्या।

जीवन जैसा है उसे
वैसा ही अपना लो
देखना सब कुछ अच्छा लगेगा।

मन्दिर का गर्भगृह सूना पड़ा होगा

मैं लौटूँगी जब तक
बुझ चुकी होगी चिता
सूखे अनाज के खेत का सीना थरथर्रा उठी होगी।

काँचन का पेड़ लगाने को कहा था
अपनी चिता के पास।
श्रीपंचमी तो काँचन फूलों की ऋतु
आख़िर तुमने भी श्रीपंचमी ही चुना।

तुम्हारी मिट्टी का घर था तुम्हारा मन्दिर
कभी-कभार सरस्वती की जैसी
मन्दिर के गर्भगृह में
चुपचाप बैठती।
तुम्हें कुछ न सुनाई देता तब
कितना ऐश्वर्य बाँट रहे थे जीवन भर
रत्नगर्भा नारी
पान के बीड़े के
सुगन्ध से घर महक उठता था
मुझे लगता जैसे
कहीं आसपास हो
बछड़े की आवाज़ से

मुझे लगता
सहमे बादलों से कुछ पूछ रही हो

जब मैं लौटूँगा
चिता बुझ चुकी होगी
पूजार्चना हो चुकी होगी
मन्दिर का गर्भगृह सूना पड़ा होगा।

काठमाण्डू से नहीं लौटते

काठमाण्डू से नहीं लौटते तो
किसका क्या बिगड़ जाता बोलो
उल्लू के रटने के प्रतिध्वनि
नीम के पेड़ के पत्तों की झुण्ड से
रुक-रुककर सुनाई देती
तुम परेशान होते
ऐसे असमय में उल्लू का रटना
अच्छा नहीं होता।

आज बड़ी ही अपरिचित-सी
लग रही है इस दुनिया की भीड़
सुसज्जित जीवन
मुझे पहले पता नहीं था
हवाई जहाज़ दिशाहारा हो जायेगा।
क्षितिज दिखाई नहीं देगी
अन्तरिक्ष दिखाई नहीं देगी
अन्धकार समुन्दर में
दिशाहारा मछली
मैं बन जाऊँगी।

सब अदृष्ट है यह मानो
किसकी हिम्मत है इन सबको

अतिक्रमण करने की।
बड़ा अनजाना-सा लग रहा है आज
सुसज्जित संसार, घर-बार।
काठमाण्डू से नहीं लौटते तो
किसका क्या बिगड़ जाता बोलो।

बारिश के दिन

बचपन में घने काले बादल
हवा के संग भागते-भागते
जो बिल्कुल नहीं थकते थे
बरसने को तैयार
पर बरसते न थे
पकड़न-पकड़ाई की आँखमिचौली में
मैं भागती बादलों के संग।
बादल सरक जाता
अनपहुँच इलाक़े की ओर।
तालाब में खिले कमल की तरह।

बारिश के दिनों में
मास्टरजी की डाँट,
स्कूल न जाने का बहाना
मेरे चारों ओर आतंक का
वलय तैयार कर देता।
मैं क्रमशः हार जाती
हीरामणि के आगे
सावित्री राणा के आगे।
मैं क्रमशः खोपचा बनाती
अपने लिए।
जिसमें कुछ पल छुप सकूँ।

खो सकूँ।

कुछ पल अपने से बतिया सकूँ
किसी मेघिल साँझ में
गीत के बोल
आकर मुझे अनमना कर देते
बारिशों के दिन थे आवेगों के दिन
बारिशों के दिन थे बेख़ुदी के दिन
शैशव में बारिशों के दिनों में
सावित्री राणा के पत्थर मन के आगे
प्रताड़ित होना पड़ता
बार-बार।

बारिशों के दिनों में
गणित की कॉपी बार-बार खो जाती।
नयी कॉपी ख़रीदी जाती
फिर खो जाती।
बादलों के संग गणितिक रिश्ते की बात
आज बहुत याद आती
बारिश के दिन जितने निर्मम
उतने ही मधुर।

नया संदीपनी

एक नयी सुबह में
अभिषिक्त सुगन्ध तू
कितने युग
कितने मन्वन्तर से
तेरे आने की प्रतीक्षा कर रही मैं।

किसी अपदेवता का अभिशाप
तुझ तक न पहुँचे
तेरी नन्हे-नन्हे हथेलियों से
सहला दे जीवन को
सारा दुःख सारा शोक
मिट जाये तेरी किलकारी में।

कितने युग से
प्रतीक्षा हमारी
कितने आँसू की नदी
पार की है तेरी माँ ने
केवल तेरे आने की राह
ताकती रही युगों से।

युगों बाद आयी तू
कितने ही प्रारब्ध का फल है तू

नया इतिहास लिखेगी तू
हमारे वंश का
तू दीक्षा
शुभंकरी
आनेवाली सुबह की
नया संदीपनी।

देहरादून

देहरादून हिल स्टेशन
चारों ओर पहाड़ों की क़तारें
पहाड़ों पर छोटे-छोटे मकान बादलों के।

शताब्दी ट्रेन से
आयी हूँ देहरादून।

हर पल यहाँ
कोलाहल बादलों का।
बारिशों का देहरादून
बहुत ही अनिश्चित
यहाँ का मौसम।

कभी-कभी कपूर जैसी बूँदा-बाँदी
तो कभी शीत की लहर।
देहरादून के शीत संग
जैसे मैंने एक तरह से
समझौता कर लिया है
जब से आयी हूँ।

इन्दिरा को बहुत ही ठण्ड लगती है।
उसके स्वेटर और पुलोवर भेद कर
ठण्ड उसे बेहाल कर चुकी है।

आन्ध्र में बिल्कुल ठण्ड नहीं
विशाखापटनम में
घर है इन्दिरा का।
पहली बार देहरादून आयी है
मोबाइल, लैपटॉप सब साथ लायी है।
रात-दिन लैपटॉप पर कविता लिखती है।

बेटा बेंगलुरु में
कर रहा एम.बी.ए.
पति परदेश में।
इन्दिरा आन्ध्र विश्वविद्यालय में
अंग्रेज़ी विभाग में है प्रोफ़ेसर।

वक़्त के साथ
उसने कर लिया समझौता।
आज देहरादून छोड़
लौट जाऊँगी अपने शहर।

ट्रेन चलने लगी।
अलविदा देहरादून।
अलविदा! अलविदा!

देव मुहूर्त आ रहा–2

देखो आ रहा देव मुहूर्त
आज़ादी का महामन्त्र जपते-जपते
जो शिशु कन्या बड़ी हो रही
वह सपना देखे
सुन्दर भारत का
ख़ून से लिखे
त्याग और तितिक्षा का
दस्तावेज़।

वह जान ले अपना अधिकार
मन में भारतीयता का भाव लेकर
अपनी सारी अभीप्सा
को वह रोप दे इन्सानों के मन में।
जल्द ही भारत से मिटेगी
आतंकवाद की काली परछाईं।

वक़्त बदल चुका है
देवकन्याएँ भूमिष्ठ हो चुकी हैं
ओड़िशा में
वही नेतृत्व करेंगी
पूरे भारत का।
शैतानों के तूणीर से
मारणास्त्र ख़त्म होने आये।

एक समृद्ध भारत
सोने का भारत
प्रतीक्षा में है
उस दिन की।
वार्धक्य भत्ते या थोड़ी-सी सान्त्वना के लिए
माताएँ अब रोएँगी नहीं।
ओड़िशा के गाँव-गाँव में
अब सर्वजया जाग रही हैं
महामाया के रूप में
देखो, शुभ मुहूर्त आज आ रहा।
ओड़िशा की गरिमामयी बेटियाँ
नेतृत्व करेंगी
पूरे भारतवर्ष का।

तुम्हारे गाँव की नदी

अच्छा लगता है जब तुम्हारे
गाँव की नदी का चित्रपट
अचानक से याद आ जाता है,
केवड़े के वन की क़तार,
नारियल और अनानास की
विस्तीर्ण सीढ़ियाँ
कैसे मैं बह गयी
या ख़ुद को बहा दिया
उस नदी के विमुग्ध स्रोत में।
उस सम्भ्रान्त नदी का नाम
बूढ़ा बलंग हो सकता है
जिसके तट पर फ़क़ीर मोहन सेनापति
देखते थे सपने।

अनगिनत पक्षियों की कलरव से
मुखरित साँझ और सबेरे
हर बात की वे ही साक्षी
उस नदी की बालू का ढूह
पागल पवन।

अब केवल नदी के
अँधेरे में टटोलती मेरे वे

स्वप्नमय बालपन के दिन
मुझे यक़ीन है
एक न एक दिन कोई आयेगा
मेरे उस खोए हुए सपनों के पास।
कहेगा मैं आया हूँ हर प्रलय को
पीछे छोड़कर मैं आया हूँ।

आज चाँद का जन्मदिन

आज चाँद का जन्मदिन
तराट फूल की ज्योत्सना
चारों ओर बिछी हुई
सप्तपर्णी पत्तों की फाँक से
भीनी-भीनी महक से
मेरी आत्मा सिहर उठी है।

आज चाँद का जन्मदिन
स्वप्न और स्मृति आकर
मेरे मन में लहर पैदा कर रही
चारों ओर चन्दन की महक से
चित्रित भोर धीरे-धीरे
उतरती आ रही।

कपूर-कपूर की महक से
पत्ते-फूल एकाकार
ललित रागिनी
मेरे मन में
उदय हो रही।

स्वर्ण दुहिता

असंख्य पुण्य से तुम पुण्यमयी नारी
आत्मीयता के आलोक में उद्भासिता
पुण्यमयी पुण्य प्रभा
जन्म-जन्म सम्पर्किता।

रिश्ता जैसे रिश्ते के साथ जुड़ा है
स्मृति भी वैसी
इतने लम्बे समय से दूर थी तुमसे
ममता में बाँधकर
मुझे अपने समीप बुलाया।

आलोकित है मेरी अस्मिता
पुण्यप्रभा नारी
स्वर्ण दुहिता।

गृहयुद्ध कब ख़त्म होगा

कब ख़त्म होगा यह युद्ध
घर की दीवार पर जम गयीं
बरगद-पीपल की मोटी-मोटी जड़ें।
गृहयुद्ध में सब उजड़ गया है हमारा।
सबसे तेज बुद्धिमान, स्वाभिमानी
इन्सान पहले बलि चढ़ा इस युद्ध में।
शंखचील और गौरैयाओं को
पास बुलाकर
उनके साथ बतियाती थी।
बहुत ही सरल
भावविभोर प्राण उसका
अँधेरे में ख़ुद को ढालकर
वह गीत गा रही थी
अँधेरे को वह सुनाती रही अपनी कविता
गृहयुद्ध में
पहले वही बलि चढ़ी।
आज मयूराक्षी नदी के किनारे
एक छोटे से गाँव में
जहाँ नीलकण्ठी पक्षी का आवास है
वहाँ मैं अपने बचपन को ढूँढ़ रही हूँ।

गृहयुद्ध बन्द नहीं होगा
ऐसे धर्मयुद्ध में

कौन हारे कौन जीते
कुछ पता नहीं।
उस दिन पुलिस आकर
पकड़ ले गयी उस छोटे से निर्दोष बालक को।
गृहयुद्ध का मतलब यही।
अन्तर्हित विवेक।
यहाँ केवल हिंस्रता का राजत्व
कौन कहाँ
आत्मगोपन कर चुके डर कर।
दुश्मनों की आँखों में आज
प्रतिशोध की अग्नि
गृहयुद्ध बन्द नहीं हुआ।

अब कुछ भी सही नहीं है

अब कुछ भी सही नहीं है
दीवारों में से पपड़ियाँ निकल रही हैं
घर का फ़र्श बहुत ही बदरंग दिख रहा है।

बचपन में
जो फूल खिलते थे
गाँव के आँगन में
उनका नामोनिशान नहीं
मन्दिर की तरह विद्यालय की हालत भी जर्जर
विद्यालय के सामने फूलों का बगीचा
आँगन में सरसों की क्यारी
बीमार-सी लग रही
कमल खिले हुए तालाब
कामिनी के फूलों से भरा नाला
सारे जैसे बदरंग
हो गये हैं।
इस गाँव में कभी नीलकण्ठ पक्षियों का जमघट लगता था
कई पक्षी अब कई दिन से देशान्तर हो गये हैं
इस रंगभरे गाँव में एक दिन
चाँद मुझे बुलाता था
चिड़ियों की चहचहाहट के गीत सुनने को
दूर गगन में लहराता हुआ पतंग देखने को
बौर की ख़ुशबू से महकने वाली गाँव की पगडण्डियाँ

जहाँ पहले कभी तोरी और सीताफल के बेल होते थे
वहाँ आज बड़े-बड़े कंक्रीट के मकान।

आज ग़ायब है गाँव की महक
मुझे लग रहा अब कुछ भी सही नहीं है
इस सदी का खूँखार असुर
गाँव में घुस आया है।
आप सभी की सुख-शान्ति नष्ट कर
गाँव के अन्तिम छोर तक पहुँच चुका है।
जहाँ सजल नदी की धार
शान्त बैठी थी
उसी के पास वह असुर पहुँच चुका है
अब न जाने कैसा अघटन होगा?

गाँव की रोशनी

किसी भी बात से मन न बहल रहा था उस दिन
सारे संसार का बोझ लादे
मैं राह पर चली जा रही थी।
रुक गयी अचानक
एक साया सामने आ गिरा
इतनी दूर ग़लत राह पर चली आयी।
गाँव की रोशनी दिख रही है
दूर खेतों के गलियारे से।
उजाले अँधेरे के आँखमिचौली में
माँ! क्या सच में बैठी है?
हरसिंगार का पेड़
वैसे ही खड़ा है पहले के जैसा।

आज मुझे कोई नहीं रोकेगा
पल भर अपने साथ बैठने के लिए।
आज माँ नहीं
माँ की परछाईं
दीवार पर ख़ुदी हुई है
हूँ-ब-हू माँ की तरह।

प्रारब्ध का फल है तू

कितने युग
कितने मन्वन्तर से
तेरी आने की प्रतीक्षा में थे हम।

मुद्दतों बाद आयी है तू
कि वक़्त मुट्ठी से फिसल चुका है
देखने तेरी किलकारी,
काग़ज़ की कश्ती का खेल।

बाबूजी न जाने युगों से
प्रतीक्षा में थे घोड़ा बनकर
तुझे अपने पीठ पर सवार कर
घुटनों के बल चलने को।

आज सूखे पत्तों के जैसे हैं हम
हवा के झोंके को कौन रोक सकेगा?
प्रारब्ध का फल है तू
शुभंकरी सुदीक्षा
पाप और पुण्य का
फल है तू।

विस्मय बालिका

उस दिन जन्म हुआ दीक्षा का
जिस दिन पृथ्वी के सारे ग्रह
एक ही साथ थे।

जन्म होते ही
हँसने लगी बिटिया।
ज़रा भी न रोयी।
'शुक्र' अपने स्थान पर
वृहस्पति, मंगल और राहु
ऊपर विराजमन।

मैंने कहा
किस ग्रह से आयी मेरी बिटिया
शायद मंगल ग्रह से।

ऐसा नहीं तो
ऐसा अद्‌भुत आचरण इसका
कभी-कभी विस्मित कर देता।

बिटिया खिलखिलाती थी
ज़रा भी न रोती
कभी-कभी दशभुजा के जैसा

युद्ध की मुद्रा में
मगन हो जाती।

जो भी देखता
आश्चर्य हो जाता
सभी के होठों पर
एक ही बात
किस ग्रह की
विस्मय बालिका यह।

जहाँ से देवता आते हैं

कहाँ से आयी है?
जहाँ से देवता
बार-बार इच्छा करते हैं
मर्त्य लोक में आने की।
माँ के मन में भर दिये
बेशुमार सपने चाहत के।

माँ की आँखों में
लगा दिया माया का अंजन
दुनिया को नयी नज़रों से देखने का।
माँ के जीवन से मिटा दिया
वर्षों से जमा अवसाद का अँधेरा।

मधुक्षरा धरती
और भी मधुर लगे तेरे लिए
जहाँ से देवता आते हैं
क्या वहाँ से आयी है तू

मैं यहाँ हूँ

मैं यहाँ हूँ
गंगा में नहीं कि और कहीं नहीं
इस बलंग नदी के तट पर हूँ।

यह आक के पौधे और थूहर का झुरमुट
बलंग नदी का विस्तृत पठार
अधजली चिता की लकड़ी
चिथड़े कपड़े, घड़ा
कुछ सूखी हुई आँसू की बूँदें
शोक से सन्तप्त दिल का इतिहास।

कुछ ही क्षणों में
राख हो गया
इतना विशाल जीवन।
शीतल करके अस्थि
ले गये हरिद्वार, ऋषिकेश, त्रिवेणी।

इस बात की साक्षी वही
बलंग नदी की धूल भरी हवा।
इतिहास बनने की चाहत नहीं थी
कुछ लेकर नहीं आयी इस दुनिया से अपने साथ
उल्टा बहुत कुछ दे आयी।

हर जाड़ों में जब
आक और काँस के फूलों से
भर जाये बलंगा नदी का पठार
तब बार-बार क्यों पूछते
कौन ऐसे रो रहा आधी रात में?

तुम जानते हो
मैं हमेशा सपना देखती
फिर एक बार जन्म लूँगी
कवि बनकर इस बलंग नदी के तट पर।

माँ

माँ को भद्रक में छोड़ आते समय
पीछे मुड़कर देखा।
पुराने गेट से सटकर
माँ खड़ी थी
लगा जैसे कुछ कहना चाह रही हो
लेकिन कह नहीं सकी
पान-दान सुपारी सरौता
भेज दूँगी, मैंने कहा।
माँ हमेशा से ऐसी है।
बहुत ही सरल और सीधी।
आजकल आँखों को कुछ दिखता नहीं।
मूरत की तरह
जहाँ बैठती वहाँ गुमसम बैठी रहती।
पैर छूने पर माथे पर हाथ रखकर
ढेर सारा आशीर्वाद देती है।
कभी-कभी शोक से बिसूरती है
दशरथ की तरह।
कभी-कभी वेदना में तड़पती है
अनकहे दुःख में।

तीन वर्ष की दीक्षाएँ

रोज़ पल-पल मरने से अच्छा है
मरना एक बार में।
अपमान की विष की ज्वाला में
बेहाल एक बच्ची ने
उस दिन कही थी यह बात।
सभी क्या सरोजिनी नायडू हैं जो
झूले के गीत, विवाह के गीतों में
भुला दें जीवन।

दीक्षा ने अभी से कह दिया है
कोई उसका अपमान करेगा तो
वह उसकी जीभ काट देगी।

तीन साल की दीक्षाएँ ही
ऐसी बात कह सकती हैं।
सच में क्या बदलाव आयेगा
आदमी के आसुरिक भाव में।
दीक्षाएँ बेख़ौफ़ जा सकेंगी हवाई अड्डे
या रेलवे स्टेशन तक
आधी रात में।

कुछ नहीं दिया

मैंने तुझे कुछ न दिया
न कोमल बचपन
न गिलहरी का पीछा कर
भागते विमुग्ध सपने।

बारिश देखकर तेरे ख़ुश होते समय
मैं खीझ उठती
गोरैया के घोंसले में
नन्हे-नन्हे चूजे देख
आश्चर्य होकर
मेरे पास भागकर आते देख
मैं दूर हट जाती।
चमचमाती गाड़ी, आलीशान बँगले में
उजड़ गये तेरे कैशोर के दिन
तेरे बालपन का सुकुमारपन।

स्वयं को जला दिया

तेरा दूरन्त अभिमान
शोक सन्तप्त सीने का इतिहास
सब मैं जानती हूँ।
गर्मी में जलती हुई नदी कछार की तरह
सोयी है विषाद में
तेरे पास पल भर बैठने
मन या समय नहीं हमारे पास
हमेशा चोट लगे मन में
हिचकोले उठते होंगे,
बार-बार ठोकर खाती
ख़ून से लथ-पथ
क़दमों में आज हिम्मत नहीं है।
तुझे सुख से रखने की ख़ातिर
मैंने ख़ुद को जला दिया
न जाने कब से।

धान फूलों का गाँव

धान फूल केवल गाँव में खिलता है
खेतों में
बगुले क्या ढूँढ़ते
सुबह से शाम
शाम से सुबह तक।
गाँव के बगुले थोड़े अलग लगते।

वे शहर देखे नहीं होते
और न ही शहर देखने की इच्छा होती उनको।
धान के फूलों से भरा है खेत
इस साल ख़ूब धान होगा लेकिन
चूँटिया बेहरा का दुःख दूर नहीं होगा।

सारा धान सरकार ले जायेगी।
चूँटिया ने कभी समझने की कोशिश नहीं की
सरकार कौन है?
हर साल ऐसे ही
मेहनत से धान फूल खिलाता
मेहनत की क़ीमत कौन दे सकेगा
सरकार या और कोई?

चाँदीपुर में

क्या हुआ सभी को
किसी बात पर भी कोई आग्रह नहीं
ना चाँदीपुर में
ना समुन्दर में
ना दीक्षा की तुतलाती हुई बातों में।

जहाज़ का लंगर पड़ा है
तट भूमि पर।
दीक्षा पूछ रही थी
जहाज़ क्यों समुन्दर में डूब जाता।
मौत को सामने देख
तब लोग क्या करते?
धड़कन तेज़ हो जाती होगी
मुँह से आवाज़ न निकलती होगी।

दीक्षा सब समझ चुकी होगी
वह जान चुकी है
चाँदीपुर हो
या महाबलीपुरम
उसे साथ लेकर आये
आप दोनों कहीं भी ख़ुश नहीं।
तुम्हारी नीरवता को दीक्षा समझ चुकी है।
सीप शंख चुगना चाहती थी दीक्षा।

चाँदीपुर में
समुन्दर के साथ-साथ भागना चाहती थी दीक्षा।
वह भी चुप हो गयी।
चाँदीपुर में समुन्दर बिल्कुल भी अशान्त नहीं था।

शायद दीक्षा
सोच रही थी टाइटन के जहाज़ के बारे में
मैं समझ गयी उसकी उदासीनता को
गले लगाते हुए कहा
चल लौट चले।
और कभी अमावस में आयेंगे
जब सागर अशान्त होगा।

गाँव का घर

इस बार कुछ भी नहीं था
लम्बे-लम्बे चबूतरे का दालान
हवा में छत को छूता
नारियल के पेड़ की टहनियाँ
या इमली के पेड़ का विस्तृत शरीर।
काँचन का पेड़ फूलों से लदा नहीं था।

घर में पहले की तरह
अभिजात रोशनी नहीं थी
और न ही सुकून भरे रसोई घर की गरमाहट थी।
मिट्टी के चूल्हे के बदले
गैस और रेफ्रिजरेटर थे।
हर पल वह अपनी उपस्थिति ज़ाहिर करते थे।
चलते-चलते बार-बार मुझे ठोकर लगती थी।

घर के पीछे की दीवार को
फाड़कर बरगद का पौधा सिर
तानकर सभी के सामने अन्दर घुसा आ रहा था।
कैंसर की तरह दीवार पर उसकी जड़ें फैल रही थीं
जिसकी अस्थि-पंजर गिन सकते थे।

आज मैं उस घर का मेहमान।
घड़ी भर में
मैं भी लौट जाऊँगी औरों की तरह।
पपड़ियाँ निकल रहीं उस घर को
काश थोड़ा छू सकती?

कविता की भावना को

कविता का घर
यहाँ कोई नहीं बनाता
वे ईंट और सीमेंट से
घर बनाने की बात हमेशा करते हैं।
गीत गाते
या तस्वीर बनाते इन्सानों की बात नहीं करते हैं।
किसे ऐसी मानसिक यन्त्रणा देने पर
अधिक मज़े से रह सकते,
फ़्लैट पर फ़्लैट ख़रीद सकते
इसी षड्यन्त्र में व्यस्त रहता
यह धरती विश्व कवि की धरती।
विश्व कविता की धरती।
बहुत ही उदार है यह धरती
अहंकार में डूबे हुए इन्सान
रवीन्द्र संगीत से कोसों दूर
रहना पसन्द करते।
तमाम जीवन
एक ही बात समझते हैं
प्रशंसा और आत्मप्रतिष्ठा।
सफल इन्सान का जितना ढिंढोरा पीटे
बड़ा दयनीय उनका चेहरा।
दिल खोलकर न हँस पाते और न रो पाते।

सिंहासन छूटने का डर
घेरे रहे सदा
विश्वकवि की धरती यह
यहाँ जीवन जीते
पर कविता की भावना को
एहसास करना नहीं जानते।

किताबी बातें

सदियों से इन्तज़ार है उस लड़की की
जो मेरी किताबों में से ढूँढ़ लेगी
अपनी शैशव की सुगन्ध
किताब संग जीयेगी।
संगी सहेलियों की क्या ज़रूरत है उसे।
किताब तो एकमात्र साथी
इस निस्संग जीवन में।

क्यों नहीं आयी वह लड़की
बड़ी अभिमानी जो है,
किताब को अपनाकर
अकेली रह गयी सारा जीवन।

बहुत भोली है यह किताब
चुपचाप पड़ी रहती है किताब की अलमारी में।
कभी-कभी मेरे छूने से
वह हो जाती है स्पन्दित
हर किताब मुझे लगे मेरी अपनी
और बहुत प्यारी।

किताब को छूना मतलब
एक बच्चे की धड़कन को छूना।

मेरे मरने के बाद मेरी किताबें
मेरे साथ ही जायेंगी श्मशान में
किताबें कभी भी आपका बोझ नहीं बनेंगी यह याद रखो।

अब लौट चलें घर

पेड़ या फूल
ज़रा भी बदले न थे
बदल गये थे हम लोग।
ताज़े सुवासित फूल के बदले
लगा दिये थे प्लास्टिक फूल
सभा स्थल पर।
हमारी परम्परा, ऐतिह्य और मूल्यबोध को
उड़ेल दिया था
किसी और के हाथ।
हमारी आँखों में पट्टी बाँध दी थी समय ने।
प्रवंचक मायावी रावणों ने छद्मवेश में
फिर रहे थे चारों ओर
मुखौटे लगाये।

साइबर दुनिया में
हम सभी एक-एक
मुखौटे पहने हुए इन्सान।
हमारे मुखौटे
इतनी आसानी से नहीं खुलेंगे।
इतने सारे खोखले भाषणों में
घुट रहा है यह जीवन
आओ अब लौट चलें घर।
घर पर कोई हो न हो
माँ बैठी होगी इन्तज़ार में।

दीक्षा के जन्म के बाद

दीक्षा के जन्म के बाद ्र्
धीरे-धीरे
कोमल होता गया
सभी पिता का हृदय।
दीक्षा के जन्म के समय
सागर अशान्त था।
श्रीमन्दिर में लगा था
महोदधि महोत्सव।
उसी मुहूर्त पिता गण
कवि बन गये।
कन्या भ्रूण हत्या की बात
और कभी मन में न लाने की प्रतिज्ञा की।

ईश्वरीय दीप्ति से
चमक रहा था दीक्षा का चेहरा।
छोटे-छोटे उसके दो नयन
रहस्यमयता में
दिख रहे थे उज्ज्वल।
दीक्षा क्या समझ रही थी
डायन बूढ़ी का कपट।
इस बार दीक्षा
स्वर्ग को
अपने घर ले आयेगी।

सूर्य चन्द्रमा के साथ उसकी मित्रता होगी।
पूरे गाँव में खलबली मची है
इन्सानों की औलाद नहीं यह लड़की
देवकन्या है।

कंचन पेड़ की सुबह

गीत सुनने वाला पेड़ कंचन था
उसकी छाँव में बैठी नित
स्वर साधना करती बिटिया
कंचन पेड़ की उम्र और
बिटिया की उम्र एक बराबर
बारह साल।

अब दो साल हुए
सीख रही
शास्त्रीय संगीत।
कंचन पेड़ का
पत्ता-पत्ता
शास्त्रीय राग में उद्भासित
जब गीत गाती बिटिया
पत्ते सिर हिलाते ताल और लय में।
लोककथा का कंचन फूल
दिखता बहुत कोमल
हवा का झोंका
सहला देती थी
बिटिया का चेहरा।
बिटिया गा रही
जीवन संगीत
शायद वह समय भी आयेगा

जब वह भूल जायेगी
सारा राग, लय, ताल।
संसार के उच्चांग संगीत में डूब जायेगी
भूल जायेगी कंचन की मधुर छाँव
जिसकी छाँव तले महक जाता बचपन।
मधुमय दिन।

शिशुमेध यज्ञ

कुरी के ढेर में इतने फूल खिले हैं
कितने सुन्दर उसके रंग और ख़ुशबू
महकते, मदहोश करते।
हवा में झूला झूल रहीं
उसकी डालियाँ।
तोड़ने जाओ फूल तो
डालियाँ लगें कभी स्वर्ग पर
तो कभी मर्त्य लोक में।

कहाँ से आ रही यह आवाज़
'फूल तोड़ना मना'
'फूल तोड़ना मना'
हथियारों से सजे
नर-पिशाचों के दल-सा
दिखते अति वीभत्स
पेड़ के नीचे खड़े हो
चिल्लाते हुए कहा–
काट दो-काट दो वह पेड़।
काटकर टुकड़े-टुकड़े कर दो
उसकी सारी आस्पर्धा
इतना-सा पेड़
उसका इतना अहंकार!
कैसे बन जाते इन्सान

ऐसे नरपिशाच।
समय भी साँस रुद्ध हो जाता
कभी-कभी निरुपाय होकर।
पेड़ मामूली झाड़ न था
पूरी बात सुनी।
चोट से हुआ लहूलुहान हो गया उसका मन।
उस दिन शरद की सुबह थी
न जाने क्यों हवा स्थिर थी।
दो दिन बाद दुर्गा पूजा।

सभी ने देखा
पेड़ चारों ख़ाने चित
मूर्च्छित-सा पड़ा था।
नारंगी रंग के फूल
दबकर निष्प्राण बिखरे थे
पेड़ को देख छलछलायी आँखों से
बच्चे ने कहा
कौन आये थे कल रात
पेड़ के पास।
काले कपड़े से बँधा था उनका चेहरा
अपने साथ लाये
खप्पर सरीका कुछ था
गाड़ कर चले गये
इस पेड़ के नीचे।
शायद इसी दुःख में पेड़
लुढ़क गया आधी रात में।
शिशुमेध यज्ञ से निकला
अवशिष्ट तो नहीं?

तुझे लौटा दूँगी

हमने तुझे तेरा सुकुमार
बचपन नहीं दिया।
तुझे हमने खिलौने में भुला दिया
स्नेह और ममता में
तेरे शैशव को अधिक स्नेहमय नहीं किया।

वक़्त कहाँ तेरी तोतली बोली
समझ कर तुझे गोद लेने का।

कैसे किस राह बीत गया तेरा बचपन
स्कूल में बीत गया
शैशव का स्वर्ण समय।

आ, मेरी गोद में आ
तुझे लौटा दूँ तेरे बालपन के दिन।

तुझे लौटा दूँ
तितली, गिलहरी के पीछे
दौड़ने के दिन।
तुझे लौटा दूँ
परी कहानी में
भीगा हुआ सुकुमार मन।

आ, मेरी गोद में मेरी नन्ही,प्यारी बिटिया
तुझे मैं लौटा दूँ
तेरे सारे सोने-चाँदी के दिन।

चम्पा का पेड़

याद है तुम्हें उस दिन
नया चम्पा का पौधा लगाया था बगीचे में
उसकी जड़ें मज़बूत करने
दूर से ढो कर मिट्टी लाये थे।

याद आता है जिस दिन पेड़ पर
पहला फूल खिला था।
बहुत बड़ा-सा था फूल
पहले पिलक ने घोंसला बनाया डाल पर
कुछ दिन बाद
पिलक न थी वहाँ
तिनके का संसार छोड़
उड़ गयी कहीं दूर।

साल भर फूलों का गहना पहने
अपूर्व दिखता था पेड़।
कहते हैं देवियाँ चम्पा के पेड़ में वास करतीं
देवी की ख़ुशबू से महक उठता पेड़।

सुबह की भीनी-भीनी हवा
उस राह आते-जाते रुक जाती पल भर
वह चम्पा का पेड़ लोक कथा का पेड़।

स्वर्ग और मर्त्य को छूती डालियों से
ऐसा लगता बूँद-बूँद ओस के मोती झरते हों।

याद है तुम्हें
उस बार रुद्राभिषेक के समय
एक सौ आठ चम्पा के फूल के बदले
एक हज़ार आठ चम्पा से भरी थी फूलों की टोकरी।
चम्पा के इस पेड़ की कोई क़िस्मत नहीं
दिन प्रतिदिन सूखता जाता है।

उस दिन उसने प्रलय का
अकेला सामना किया था
अन्दर ही अन्दर न जाने किस दुःख से घुट रही।
सूखता जा रहा
शायद ज़्यादा दिन नहीं बचेगा पेड़
स्मृति में रेशमी साड़ी से
कब तक उसे बाँधे रख पाओगे।

बचपन-1

न जाने क्यों
हर नीरवता के बीच
बचपन धँसता आ जाता है कभी-कभार।

नीम के पेड़ पर फूल खिलने से
बचपन आता है।
दूब के घास पर ओस गिरने से
बचपन महकता है।

बचपन की कहानियाँ पूरी होती नहीं
बैंगनी फूलों से धरती मण्डित होने से
वह फूल झर जाता कुछ दिनों में।
मैं सिर्फ़ ढूँढ़ती
तारा भरे विमान से
बचपन उड़ जाता किस राह किस ओर
समय के पहाड़ के खोह में।

बचपन!
ढेर सारे उफनते गीत वाले दिन
सरक जाता दूर कहीं दूर
असमाप्त सपनों को मुट्ठी में बाँधे
बन जाती मैं
भरी-भरी सिसकियों का सावन।

बचपन-2

बचपन में काँचन का पेड़ लगाया था
बूढ़ा हो चुका है वह काँचन का पेड़
पहले की तरह
हरा-भरा नहीं रहा।

बीमार हो चुका है पेड़
बचपन में उसके नीचे बैठे
ख़ुद के साथ कई बार बतियाती थी
बैंगनी फूलों से लदे पेड़ को
उन्मुख होकर देखती रह जाती।

सुन्दर काँचन का पेड़
जैसे हर बात समझता था।
गणित में ख़राब नम्बर लाने से
उसके नीचे बैठती गुमसुम
काँचन पेड़ मेरा जन्म-जन्मान्तर का साथी जैसे
मेरे दु:ख में उसका चेहरा उदास हो जाता।

पूरे गाँव में वह काँचन का पेड़
सबसे सुन्दर
ऐश्वर्यमय था।
काँचन के पेड़ पर फूल खिलने से

राजकुमारी की याद आती।
मेरा बचपन भी वैसा ही था
राजकुमारी जैसा।

भरापूरा आनन्दमय
गणित को छोड़कर मेरा कोई दुःख नहीं था
स्वप्नालोक के दिन थे बचपन।
डायन बुढ़िया की कहानियाँ सुनने के दिन
हवा में कहीं खो गया है मेरा बचपन।

बचपन-3

पता है तुझे
मेरा बचपन कितना सुन्दर था
रोज़ चाँद आता
हमारे आँगन में।

माँ गीत गाकर सुलाती थी
चन्दा मामा आजा
मेरे कान्हा की गोद में।
शरद का आकाश तब
मेरी पहुँच में था।
पूरे आँगन में फैली हुई रोशनी
अँधेरे का कहीं नामोनिशान नहीं
वह रोशनी चाँद की थी।

तब सारा बगीचा फूलों से महकता था।
तालाब में खिले थे लाल, नीले कामिनी के फूल
बगीचा भरा था सुवासित मोगरे के फूलों से।

इमली के पेड़ पर
कैथ के पेड़ पर
बन्दरों का राज था।
अगहन के महीने में
गाँव लगता बहुत अच्छा।

खेत में लहराता सुनहला धान का उत्सव
चैत में धान निकालने के दिन।
कोल्हू के खूँटे में सारी रात बँधा
बैलों की आँखों में नीरव प्रतिवाद।

यह दिन मेरे बचपन के दिन
कितने सुहाने थे
बचपन
आह! मेरे बचपन के दिन।

कविता लिखने का घर

बोलो, उस घर में क्या न था
स्नेह था, अभिमान था
अभियोग था
ज़िद्दी कैशोर भी था।
वह घर था कविता लिखने का घर
गीत से कहानी से
गुन-गुना रहा था घर।

साँझ होने पर लोवन और दीये से
घर महकता था
बच्चों की प्रार्थना
बुला लाती ईश्वर को उस घर में।

देश के लिए सपना देखने वाले
जो लोग थे उस घर में
आज तैलचित्र बन कर दीवार पर टँगे हुए हैं।

वह घर तो साधारण घर नहीं
स्वतन्त्रता सेनानियों का घर।
आज भी यह संग्राम ख़त्म नहीं हुआ हमारा।

सारा जीवन केवल

मैं सारा जीवन केवल
माँ की बात लिखती रही।
सिर्फ़ माँ की लाचारी की बात
ठोकर खाकर गिरने और
फिर सँभलने की बात
गाँव और माँ के हाथ से बने पकवानों की बात।

सात पुश्तों के बुनियादी घर को
अपने आँचल में बाँधे रखने की बात।
माँ की बात जितना लिखें फिर भी
शब्द कम पड़ जाते।

शब्द क्या बाँध पाये
इतनी बड़ी आस्मिता को?
माँ की ममता
महासागर से भी गहरी
आजकल याद नहीं माँ को
सालन्दी नदी के तट पर अपना सरस्वती का घर।
कुछ भी याद नहीं
कौन सरस्वती और कौन सालन्दी
निष्ठुर समय में आज माँ
अपने आप कुछ कहती रहती

कुछ भी समझ नहीं आता
सब कुछ जैसे कोहरे-सा लगता है।

जाने का वक़्त आने पर
सब अस्पष्ट हो जाता है
माँ यहीं रहेगी
वह कहीं न जायेगी
क्या वह जा सकती सालन्दी नदी को छोड़कर।

कजलौटे के दिन

उदास कजलौटे
राह न पाकर उड़ जाते हैं
आयकर भवन की ओर।

फूलों से भरा बगीचा
देशी नहीं विदेशी
फूलों पर तितलियाँ नहीं
कजलौटे या तितलियों की
सम्भावना नहीं लौटने की।

सारा जीवन ऐसे ही बीत जाता
इन्तज़ार में।
कब लौटेंगे तितलियाँ और
कजलौटे के दिन।

सारे पेड़ काट डाले

बहुत-सी बातें याद आती हैं आज
तेरी दुल्हन बनकर आने की बात
लक्ष्मी-सी लगती
लाल साड़ी में
सोने जैसा रूप
हाथों में बट फल
बाजू में ताईत
पैरों में पायल पहने
तुम दुर्गा माँ लगती थीं।

कई दिन से मन उदास है।
सारे आम के पेड़, बेल के पेड़ काट दिये
काट दिये हमारे हाथ-पैर।
कटे हुए पैर
कटे हुए हाथ का दृश्य
तुम देख नहीं सकतीं
इसीलिए ईश्वर ने
तुम्हारी दृष्टि शक्ति छीन ली है?

वक़्त थम जाये तीन साल की उम्र में

"जब मैं बड़ी हो जाऊँ
ऐसी साड़ी ला देना
मैं साड़ी पहनूँगी।"
तीन साल की उम्र में पहुँचने से पहले,
माँ का दूध छोड़ने से पहले,
उस तुतलाती बोली की ओर
अचम्भे से देखती रह गयी।
यह तुतलाती बोली थी
नन्ही दीक्षा की।

बिटिया साड़ी पहनने को कहती
पुरानी बुनियाद को
अपनाना चाहती
जींस पहनने की उम्र में
कैप्री पहनने की उम्र में
हमारी बिटिया साड़ी पहनेगी
फ़ास्ट फ़ूड के बदले
खाने में ताजा पख़ाल के लिए कहती।
पख़ाल के संग बड़ी चूरा भी माँगती,
तेरे लिए सारी चीज़ सँजोकर रखे जा रही
मटमैले रंग की रेशमी साड़ी
बड़ी होकर दीक्षा पहनेगी
अभी वक़्त है बड़ा होने में।

बड़ी होकर क्या बनेगी बिटिया?
“माँ जैसी बनूँगी
कॉलेज जाऊँगी
आई.पी.एस. बनूँगी।”

कुछ मुझे नहीं चाहिए
तू जैसी है वैसी रह,
बड़ी मत होना

बड़ी होगी, तो यह समाज
तुझे निगलने को आतुर
तब तुम क्या करोगी
जैसी है तू वैसी रह
वक़्त थम जाये तीन साल की उम्र में।

छोटे-से ऑटोग्राफ़ के लिए

इतनी जल्दी तो तुम्हें जाना नहीं था
फिर भी चले गये
ढेर सारा काम बाकी रह गया
तुम्हारे साथी, शुभाकांक्षी आँखें
छल-छलाकर आकाश की ओर अवाक् देखते रह गये।

कुछ प्रिय-परिजन
स्वर्गद्वार तक पीछे-पीछे चले।
सागर विस्मित हुआ
इतनी जल्दी स्वर्गद्वार न आना था।
तुम्हारे घर के फ़र्श पर
आँसुओं के निशान
इतनी आसानी से नहीं छूटेंगे
ज़िन्दगी की धमकियों से
डरनेवाले तो तुम दिखते नहीं थे।

सूरज का सामना कर
डटकर तुम खड़े रहते थे
इतना दृढ़, उदार मन तुम्हारा
सुदामा के मन की तरह पवित्र
लेकिन स्वाभिमान से भरा।
तुम थे इसीलिए उपवन की
सुन्दर प्रकृति अच्छी लगती थी।

घर का कोना-कोना
प्रेम की सुगन्ध से महकता था।
तुम्हारे निरीह अहं की दीवार के उस पार
कितना कोलाहल
कितने युद्ध की हुंकारें
कितनी ईर्ष्या
कभी परवाह न किये।
तुम केवल तुम्हारे जैसे थे
अति मानस आभा में दीप्त और स्पन्दित।

तुम लौट आते फिर एक बार
इतिहास बनकर, किंवदन्ती बनकर
हम इन्तज़ार करेंगे
तुम्हारे एक छोटे-से
ऑटोग्राफ़ के लिए।

क्या तुम ख़ुश हो सरजू

क्या तुम ख़ुश हो सरजू
रेडियो में राग मालकोश सुनते समय
या हरसिंगार से
सपने सारे झरते समय
यादें क्या उमड़ती नहीं होंगी तुम में।

तुम्हारे बगीचे के पक्षी
फूल खिलने के शब्द में
अनमने नहीं होते पहले की तरह
घुटन भरे वक़्त में
आवेगहीन जीवन।

यदि हो सके तो एक बार आकर देख जाओ
गुमसुम खड़े उस चीनी चम्पा पेड़ को
जिसकी ख़ामोशी
बारिश के दिनों के आसमान की तरह
रुआँसी, उदासीन।
अब बोलो
क्या सच में तुम ख़ुश हो सरजू।

धान का कोठा

सात पुश्तों की बुनियाद
यूँ ही टूट जाती।
लक्ष्मी के कोठले में
मरे हुए चूहे, सड़ी हुआ गन्ध में
फट जाती नाक।

लक्ष्मी के पैरों की अल्पना
गोबर से लिपा हुआ कोठला
वीरवार का गीत गाता उस दिन।

कोठले के अँधेरे में
मेरा बचपन छिप गया था
गाँव का वह कोठला
हमारी बुनियाद की अन्तिम निशानी थी।

धान भरे इस कोठले में
हर साँझ माँ दीया जलाती।
कोठले के पास माँ कहती–
लक्ष्मी माता को मैंने साक्षात् देखा है।

उस दिन रात के दस बजे के क़रीब
उल्लू की आवाज़ से माँ चौंक गयी
खान के पास किसी महिला को देख

ज़बान रुक गयी।
पूरा बदन निस्तेज हो गया।
सामने लक्ष्मी माता को देख
न जाने कैसे बच गयी।
ऐसा दृश्य फिर नहीं देखा उम्र ढलने तक।

वह कोठला था आख़री निशानी
हमारी वंश-बुनियाद का।
लक्ष्मी पूजा के लिए
धान का गुच्छा ढूँढ़ने पर नहीं मिलता आजकल।

शहर आकर
बदल गया हमारा परिचय।
धान के कोठले की क्या ज़रूरत
मर्सिडीस गाड़ी है हमारा परिचय।

दीक्षा का झूला

झूले में बैठी है दीक्षा
आँखों में भरी है
गीतों की आवाज़
दीक्षा गीत गा रही
झूले में बैठ
बगीचे में भरी हैं मधुमक्खियाँ,
गिलहरी के बच्चे, नन्ही चिड़िया।
झूले की गोद में झूल रही दीक्षा
तुतलाती हुई आवाज़ में
स्वर्ग उतार लायी घर में।
ज़्यादा क्या चाहिए और
इस लाड़पन बचपन दीक्षा का।
प्यारी बिटिया
छलकती विमुग्ध सुबह।
झूले के गीत में विभोर दीक्षा का नन्हा जीवन।

दीक्षा में ईश्वर

दीक्षा अभी अपने बाबा की गोद में
ज़िद कर रही चाँद के लिए
नन्हे-नन्हे क़दमों में
रुक-रुक कर चलती
चाँद को बुला लिया
स्वर्ग को भी बुला लिया घर में।

दीक्षा की तुतलाती बोली में
क्या है ऐसा जो
आसमान-सी अवाक्
मैं देखती रह जाती उस ओर
सपने सब क़तार से
विस्मय से देखते रहे उसकी ओर।

बाबा की गोद में दीक्षा
स्वर्गीय आनन्द में
झिलमिलाते वक़्त।
दीक्षा में ईश्वर
दीक्षा में स्वर्ग।

दीक्षा का जन्मदिन

इस बार अपने जन्मदिन पर
दीक्षा होगी कश्मीर या
कुल्लू-मनाली में।
गुलमोहर, अमलतास फूलों का महीना
मई का महीना
अद्‌भुत, साधारण है यह महीना
पूरे महीने
नीलकण्ठ पक्षियों की आवाजाही।

घर की छत पर चिड़ियों का झुण्ड
हर पेड़ पर घोंसले
पक्षियों का सुन्दर,
सुडौल रूप
कविता की ऊष्मता में
कविता के आवेग में
पक्षी सम्मोहित।

पक्षियों का नीड़ में लौटने
का समय मई का महीना।
इस जन्म महीने में
दीक्षा घूमने जायेगी कुल्लू-मनाली।

दीक्षा जब आयेगी तब
पक्षी नहीं होंगे
शायद, अगले मई के महीने तक
वे फिर लौट आयेंगे
दीक्षा के जन्मदिन पर।

दीक्षा बड़ी हो गयी होगी

मंतई नदी पानी से भरी
पानी में मगरमच्छ
पानी और मगरमच्छ के बीच बीता है
दीक्षा का बचपन।

द्वन्द्व के भँवर के बीच
छद्मवेश में मगरमच्छ छिपा है
नदी में।

सरसों का फूल खिला है
नदी के पठार में
दीक्षा सरसों का फूल तोड़ने जायेगी
दिव्य अस्त्र में ख़ुद को तैयार करेगी
यह अस्त्र होंगे उसका सामर्थ्य।

एक मगरमच्छ नहीं
कई मगरमच्छ को वह परास्त करेगी
बाबा का आशीर्वाद
माँ की तपस्या
दीक्षा के लिए होंगे दिव्यास्त्र।

तेरी माँ के आँसुओं की बूँदें
ताउम्र तुझे बड़ा करने के सपने

पूर्वाशा के आसमान पर निखर उठेगी।
मगरमच्छ अब नहीं होगा सामने
दीक्षा बड़ी हो चुकी होगी
इस बीच।

वयस्क बना दिया है

बच्ची को कुछ भी ज़रूरत नहीं थी
उस कोमल उम्र में
भला क्या ज़रूरत होती उसे।

छोटी गिलहरी, गौरैया के पास
कुछ पल बैठने का है मन
सफ़ेद कबूतर उड़ आते छत पर।

आधार देती उन्हें
सूनी दोपहर में
आँखमिचौली खेलती
पकड़म-पकड़ाई से थक जाती बच्ची।

आजकल वह खेलती नहीं
न ही गिलहरी के पीछे भागती
दुनिया के दाँवपेंच में थक चुकी है बच्ची।

अपने सुकुमार मन को वयस्क कर चुकी है
तितलियों के पीछे भागने वाले पलों को
हमने पोंछ दिया है उसके मन से।

अपने उम्र से पहले ही
वयस्क हो चुकी है
वह कोमल-सी बच्ची।

तेरी बातें याद आती है

माँ तू कैसी है
बहुत दिन हुए
फ़ोन नहीं कर पायी तुझे
आजकल मैं हँस नहीं पाती
जैसे सब कुछ अस्त-व्यस्त हो जाता है।

नौ जनवरी को तेरा जन्मदिन
अठानवे साल की होगी तू।
कौन मनायेगा तेरा जन्मदिन
नाना-नानी की आँख का तारा थी तू।
आज जैसे बेसहारा हो गया है जीवन।
तेरी सारी ख़ुशी
सारा आनन्द
वह चुरा ले गये।
क्यों उन्हें कभी भी दोष दिया नहीं तूने।
उल्टा उनके दुःख से
रो-रोकर अन्धी हो गयी।
डॉक्टर ने कहा
तेरी आँखें अब सही नहीं होंगी।
यह बात सुनकर मैं पत्थर क्यों न बन गयी।
संसार का दुःख सहते-सहते
तू तो कब से पत्थर बन चुकी।
पथराई आँखों से भी

आँसू झरते हैं।
उस बार हरिद्वार जाते समय
तू ऋषिकेश न जा सकी।
संसार के जंजाल में फँसकर
कभी तुझे ऋषिकेश न ले जा पायी।
अब तेरे सामने
सिर्फ़ अँधेरा-ही-अँधेरा।
अब तू सूखे पत्ते की तरह
तू कैसे है माँ
आज तेरी बहुत याद आती है।

तथास्तु मुद्रा में

आजकल माँ कुछ नहीं देख पाती
रो-रोकर आँखें ख़राब हो चुकीं।
हम कभी भी उसके चेहरे पर
मुस्कुराहट नहीं ला पाये।
उसके सारे अधिकार
छीन लिए उन्होंने कब से
आज वह सम्पूर्ण नि:स्व
कुछ देख पाती नहीं
कुछ सुन पाती नहीं।
पत्थर की देवी मूर्ति-सी
बैठी रहती केवल
तथास्तु मुद्रा में।

मैं भारतवर्ष का कवि

झारखण्ड एक राज्य का नाम
जिसके सीने में
बेशुमार यन्त्रणा।
यह यन्त्रणा दिन-पर-दिन कम होने के बदले
बढ़ती जा रही है।
यहाँ कई झरने
झारखण्ड का सौन्दर्य
इस सुन्दरता से क्या मिलेगा?
जहाँ आतंकवाद की कालिमा
घिरी है पूरे देश में
जहाँ सुरक्षाहीन राज्य
जहाँ सिर्फ़ जलने की बदबू चारों ओर।
झरने देखने से
मन में आतंक उभर आता है।
ओड़िशा, झारखण्ड, पश्चिम बंगाल, बिहार
जैसे धीरे-धीरे बीमार होते जा रहे
प्रगति के नाम पर कुछ करने से
सब ढह जाता है।
यहाँ आज बिरसामुण्डा के वंशज
नेपथ्यवासी हैं।

कल रात किसे मार दिया गया
या किसी के घर पर बम फेंका गया

किसी को कुछ लेना-देना नहीं।
यह हमारा देश भारत।

विरसा मुण्डा गण आज
इतिहास के पन्ने में बन्द।

कितने बच्चे आज जानते हैं
भारत की आज़ादी की कहानी।
कितने जानते हैं जलियाँवाल बाग़ का
ख़ून से लिखा इतिहास
पहले जानें अपने देश का इतिहास
फिर जायें विदेश पढ़ने
विदेश के जन्म-जातक जानने की
हमें क्या ज़रूरत है?

हमें अपने को जानने के लिए
देश को जानना पड़ता है।
यह बात कहाँ कौन कहेगा?
हमारे स्कूल के बच्चे
इंजीनियर बनने का सपना देखते।
देश के लिए किसने दी अपनी जान
उसे याद नहीं रखते वह।

मैं भारतीय
यही मेरा एक मात्र परिचय।
इस परिचय ने ला दिया मुझमें
समृद्धि, आगे बढ़ने का आत्मविश्वास
मैं झारखण्ड या ओड़िशा का नहीं
मैं समग्र भारतवर्ष का।

प्राचुर्य का क्या करेंगे हम

रंग-बिरंगे पक्षी और
गिलहरियों का
संगीत समारोह चल रहा
उसके अपने घर में।

अपलक नयन से
देख रही दीक्षा
जो वह देख सकती
वह आप नहीं देख पाती।
गीत से कितना प्रेम है दीक्षा को।

क्यों सोच रहे हो
हम हार गये हैं?
प्राचुर्य का हम क्या करेंगे
दीक्षा-सी प्यारी बिटिया
माँगी थी ईश्वर से
ख़ुशियों से भर दिया है
हमारा जीवन दीक्षा ने
भला और क्या ज़रूरत।

सालवन का गीत नहीं

सालवन का गीत पूरा होने से पहले
बारिपदा ने हँसते-हँसते
स्वागत किया मेरा।
उस दिन आसमान पर
बादलों का ताण्डव शुरू हो चुका
फिर भी बारिपदा उज्ज्वल दिख रहा था।
पूरे शहर में ढूँढ़ा
बकुल के वृक्ष का ठिकाना
कोई बता न पाया।
सभी ने कहा यहीं था
मधुमक्खी की रुनझुनाहट सभी ने सुनी है।

आजकल तो
फूल से मधु चोरी हो जाता है
दिन दोपहर
मासूम बच्ची की कोमल हड्डियाँ
थुलथुल कलेजा
प्रथमाष्टमी त्योहार में पहनी नयी फ्रॉक
सुकुमार शैशव
कैसे विकल हो रहा
राजपथ पर।
शहर के सारे बकुल पेड़ों को
कोई उखाड़ ले गया
आधी रात को।

सपना देखता आदमी

पुरी जाने की इच्छा उसके मन में रह गयी
दारूब्रह्म की किंवदन्ती, स्वर्गद्वार
सबको वह पिरो देती
एक ही धागे में।

क्यों वह श्री जगन्नाथ जी का
दर्शन करने की ज़िद करता
कोईलीवैकुण्ठ या कल्पवट के नीचे
बैठ मन ही मन गुनगुनाता।

हममें से किसी ने
नहीं समझी उसकी बात
क्यों वह कभी-कभी
आधी रात को
खिड़की खोलकर हवा के संग बतियाता।

सभी ने कहा
सीजोफ़ेनिक या निरोटिक।
मैं जानती हूँ
वह जगन्नाथ महाप्रभु का दर्शन करना चाहता।
सपना देखता इन्सान कभी क्या
सीजोफ़ेनिक हो सकता !

कई दिन से पुरी नहीं आये

कई दिन से पुरी आने को कह रहे थे
क्या आ सके!
लाचारीपन चारों-ओर से घिरा है।
घुटनों के दर्द से
मुश्किल हो चुका है चलना
बाईस सीढ़ियाँ कैसे चढ़ते!

मैं जानती हूँ कितनी तकलीफ़ झेल रहे
ऐसा क्या हो गया बोलो तो!
बच्चे अपनी-अपनी दुनिया में
हमारी तकलीफ़ हमें भारी है।
तुम तो जगन्नाथ जी को इतना पुकारते
सभी जानते वह भाव के देवता हैं।
क्या तुम्हारी बात वह सच में समझ पाते।

जहाँ शान्ति वहीं स्वर्ग

धीरे-धीरे काटो
देखो कैसे सर्वांग से ख़ून बह रहा
इन बूढ़े पेड़ों को काटते समय
तुम्हें ज़रा भी कष्ट नहीं होता !

आम्रपल्ली आम का पेड़
लदा है आम से।
उस बार यह पौधा
कलकत्ता से बाबूजी लाये थे।
शरीफ़े का पौधा
मैंने भेजा था भुवनेश्वर से
कैसे पक कर लह-लहा रहा है पेड़ों पर।
माँ की तरह गोद में पकड़े हुए
कटहल के पौध को
मामा ने भेजा था गाँव से।
बकुल, मधुमालती, चद्रमल्ली, तमाल से
धरती भी महक रही थी उन दिनों।

बाबूजी के लिये
माईतपुर गाँव स्वर्ग जैसा था।
इतने फूल-पौधे
तालाब में खिले कामिनी से।
यह स्वर्ग नहीं तो और क्या?

माँ कितनी ख़ुश थी उस दिन
बाबूजी कह रहे थे
बिटिया बड़ी होकर
यहीं बैठकर तस्वीर बनायेगी।
कविता लिखेगी।

बाबूजी आज नहीं हैं।
उनकी सारी बातें
आज शिलालेख बन चुकी हैं।
पेड़-पौधे उनके सपने थे
प्रकृति थी जीवन
आज उनकी आत्मा को
चूर-चूर कर दिया
ज़रा भी तकलीफ़ नहीं हुई तुम्हें।

ट्रेन की खिड़की से

शताब्दी एक द्रुतगामी
ट्रेन का नाम।
यह ट्रेन आज
गाँव के पास वाले
स्टेशन पर नहीं रुकेगी।
शोकाकुल वक़्त पर भी
मैं आज गाँव न पहुँच पाऊँगी।

कौन मेरी प्रतीक्षा कर रहा होगा
आज के इस असमय में।
माँ नहीं है का मतलब
कुछ नहीं।
बचपन नहीं।
जहाँ बचपन बीता वह गाँव नहीं।
तालाब में भरपूर पानी नहीं।
कंजूसी मन से
किसी के चेहरे पर मुस्कुराहट नहीं।
घृणा और असूया में
साँसें भरी हुईं
कभी-कभी रुकती-सी लगे।

गाँव में माँ नहीं
तो कुछ नहीं।

सब कुछ बेतरतीब लगता।
अच्छा हुआ शताब्दी भी रुकी नहीं।
सारे समय यूँ ही
सहमी आँखों से गाँव की ओर देखना।

घाटी आख़िर बन्द हुई

मेरे गाँव की नदी
पान के झुरमुट की छाँव
नदी किनारे की शान्त हवा
मन को छू जाती।

इस गाँव में कभी
मचा था हल्ला
शंख बजा
घाटी बन्द की ख़ातिर।
माटी हमारी माँ
धरती छोड़ेंगे नहीं
बहा देंगे ख़ून की नदियाँ
जले चाहे अनल चिता की यहाँ।

घाटी नहीं
माटी हमारी
प्रिय जन्म भूमि
घाटी आख़िर बन्द हुई
इन इन्सानों की ख़ातिर।

पुष्याकर्कट नक्षत्र में जन्म

संसार में रहकर
तुम संसारी नहीं
तुम संगीत में होते
सपने में होते।
भोर आसमान की
ओस कण को
थामें रखते अँजुली में।

साल पत्तों के डोंगे में
सहेजे रखते विश्वास
इतना सरल जो तुम्हारा मन
कि कठफोड़वा के पंख लाकर
छिपाकर रखते किताबों में।
बचपन की प्रार्थना को
जीवनभर गाते मन ही मन

ध्यानस्थ श्रमण के जैसे
कभी कवि बनकर बैठे हो
तो और कभी अकृतज्ञ समय के सामने
नतमस्तक प्रार्थना की है

तुम्हारे आचरण में चकित
हो जाये संसार
क़तार में आख़िर खड़े तुम
शायद जन्म तुम्हारा
रामचन्द्र की तरह पुष्याकर्कट नक्षत्र में।

भुवनेश्वर किसी का नहीं

भुवनेश्वर किसी का नहीं
न तुम्हारा
न मेरा।
भुवनेश्वर को देखने से
मुझे उस पर दया आती
आह विचारा भुवनेश्वर
अविरल व्यस्त
सोने की खान की खोज में।
यहाँ सदा आतंक।
सभी एक-दूसरे को लूटने में व्यस्त।
गाँव की सरल मासूम बच्ची को
फुसलाकर ले आये भुवनेश्वर।

मुखौटा पहने घूम रहे बहुरूपिया
दिन दोपहर में।

भुवनेश्वर ख़ुद नहीं जानता
कब से वह बिक चुका है
विदेशी दलालों के हाथ।
आह! भुवनेश्वर!
तुझ पर दया आती
गाँव मेरा तुझसे अच्छा
हर पल यहाँ भय, आतंक
डर-डर के जीना है केवल।

❑❑